La vie secrète des bêtes

Dans la Savane

La vie secrète des bêtes

Dans la Savane

Texte de Michel Cuisin
ATTACHÉ AU MUSÉUM NATIONAL
D'HISTOIRE NATURELLE

Illustrations d'Alexis Oussenko

HACHETTE

Le lion

Pas si féroce! Dans le parc national du Serengeti, en Tanzanie, mille cinq cents lions vivent à côté de deux millions d'autres grands mammifères, dont certains leur servent de proies. Le lion n'est pas un carnivore assoiffé de sang! L'un d'eux, suivi sans interruption pendant vingt et un jours, mangea seulement sept fois durant ce temps, et les animaux qu'il dévora avaient été tués par les lionnes de son clan. Une seule fois, il essaya de chasser un dik-dik, minuscule antilope, mais elle lui échappa. Les lionnes elles-mêmes ne mangent pas que leur gibier. Elles se contentent une fois sur quatre de s'emparer des ongulés abattus par les hyènes. Quand il a l'occasion de se nourrir, le lion peut avaler trente-trois kilos de viande en un seul repas. En une demi-heure, un zèbre peut être réduit à l'état de squelette par un clan.

Une crinière en guise de couronne. Le lion doit sans doute son surnom de «roi des animaux» à l'allure majestueuse que lui donne sa crinière plus ou moins développée et dont la couleur varie du jaunâtre au noir.

De tous les félins, c'est le seul qui soit réellement sociable et qui vive en tribus (ou clans) formées de un ou de plusieurs mâles, de quelques lionnes et de jeunes dont l'âge varie entre quelques semaines et trois ou quatre ans.

Le lion vit dans la savane; il chasse surtout la nuit et se repose dans la journée (il dort généralement douze heures par jour). Autrefois répandu dans toute l'Afrique, il a disparu du Nord et il est devenu rare dans l'Ouest. Il ne reste abondant qu'au Kenya, en Tanzanie et dans les parcs nationaux. Environ cent quatre-vingt-dix lions subsistent en Inde, dans la forêt de Gir, au sud de Bombay.

Chaque tribu occupe un territoire mesurant de dix à vingt-cinq kilomètres carrés sur lequel elle ne tolère pas les lions étrangers.

Longueur: 3,25 à 3,70 m (avec la queue). Hauteur à l'épaule: 90 à 110 cm. Poids: 200 à 275 kilos (maximum). Longévité: 15 à 20 ans en nature. Vitesse maximale: 60 kilomètres à l'heure.

Le lion chasse seul ou en groupe. Assez souvent, les mâles poussent une troupe de zèbres ou de gnous vers un lieu où les femelles sont à l'affût, dissimulées dans la végétation. Après une course rapide, la proie est renversée et tuée d'un coup de dents à la gorge, ou bien elle est étouffée. Les lions mangent les premiers, puis vient le tour des lionnes et enfin celui des lionceaux qui se font bousculer sans ménagement par les adultes.

La queue du lion se termine par une touffe de poils qui cachent une sorte d'ergot corné dont on ignore la fonction. Le lion possède de puissantes griffes rétractiles comme celles de tous les autres félins, sauf le guépard. Avec ses dents et ses pattes, le lion tue pour se nourrir environ 20 à 30 grosses bêtes par an.

Dans certaines régions d'Afrique orientale, les lionnes et les lionceaux ont l'habitude de faire la sieste sur des branches, à plusieurs mètres du sol. Rares sont les lions qui en font autant, car ils sont beaucoup trop lourds. Très joueurs, les lionceaux s'amusent parfois avec la touffe de poils situés au bout de la queue des adultes.

La lionne met au monde 1 à 5 petits au pelage fauve et tacheté. Ces marques disparaissent peu à peu, sauf chez les lionnes où elles persistent parfois sur les pattes et les flancs jusqu'à l'adolescence. Le lion ne se reproduit qu'à l'âge minimum de 3 ans. Les petits boivent du lait jusqu'à l'âge de 7 ou 8 mois.

Le serpentaire

Échassier ou rapace? Il est permis de se poser la question quand on voit son bec crochu et ses pattes démesurées. Pour les savants, le serpentaire fait bien partie des oiseaux de proie, mais ils l'ont tout de même mis un peu à l'écart des aigles, buses, faucons et milans. Le serpentaire réserve une autre surprise: contrairement à une opinion répandue, ce n'est pas un spécialiste des serpents et il en tue beaucoup moins qu'on ne le croit. En fait, il capture tous les petits animaux qu'il rencontre en déambulant dans la savane. L'herbe ne doit pas dépasser cinquante centimètres de haut pour qu'il puisse chasser avec succès. En outre, il faut que les proies soient nombreuses dans le vaste territoire qu'il parcourt (un couple a besoin d'environ six mille hectares pour vivre), sinon il marcherait beaucoup pour n'obtenir qu'un piètre résultat. Les variations du nombre de ses proies influent sur sa densité et aussi sur la durée du séjour des jeunes au nid. Rare dans l'Ouest et le Nord de l'Afrique, cet oiseau vit surtout dans l'Est et le Sud.

Sus aux intrus! Le serpentaire est un rapace terrestre qui, par son allure, fait penser aux cariamas, grands oiseaux apparentés aux outardes, vivant dans les pampas d'Amérique du Sud. Il traverse chaque jour son territoire et, si des congénères étrangers y ont pénétré, le serpentaire les fait fuir en bondissant sur eux. Ses contorsions sont alors vraiment extraordinaires et il a tout à fait l'aspect d'un grand pantin emplumé, frappant son adversaire avec ses pattes. En général, l'intrus s'en va.

Le serpentaire a beau passer la plus grande partie de sa vie à marcher, il n'en est pas moins capable de voler. A l'époque de la formation des couples, il s'élève très haut dans le ciel, fait des piqués suivis de remontées rapides. Il accompagne ces acrobaties de cris rauques. Il se repose au milieu de la journée et, la nuit, dort perché sur un arbre.

Longueur: 1,15 m. Envergure: 2,10 m. Les plumes centrales de la queue dépassent les autres de 20 à 25 cm. Longévité: inconnue.

Le serpentaire vient de capturer un reptile. D'une patte, il le maintient et, en même temps, il lui assène des coups de bec. Après l'avoir tué, il l'avale tout entier s'il s'agit d'une espèce ou d'un individu de faible taille, ou bien le met en morceaux. Son régime comprend surtout des petits rongeurs, des insectes et des scorpions. Les lézards et serpents jouent un rôle secondaire dans son alimentation. Parmi les insectes, il attrape surtout des criquets, des punaises, des termites et des fourmis. Les jeunes reçoivent une alimentation à base d'insectes et de rongeurs.

Le serpentaire possède une huppe formée d'une vingtaine de plumes grises et noires qu'il déploie ou replie. Dans cette dernière position, elle évoque le porte-plume que les secrétaires plaçaient jadis sur leur oreille. On comprend ainsi pourquoi cet oiseau est aussi appelé «secrétaire». Ses pattes ressemblent à des échasses.

Le nid se trouve sur un arbre épineux. La ponte a lieu en octobre ou en novembre au Kenya. Elle se compose de deux ou trois œufs blancs, mais un seul petit ou deux au maximum s'envolent à l'âge de 75 jours environ. Le troisième (ou le second) meurt généralement d'inanition.

A l'instar des milans, des busards et d'autres oiseaux, rapaces ou non, le serpentaire a l'habitude de voler devant les flammes des feux de brousse. En effet, l'incendie chasse toutes sortes d'animaux de leur retraite. De même, il profite des essaims de termites ailés qui s'envolent à l'époque de la reproduction.

Le chacal

Accusé! L'ignorance, des observations peu scientifiques, des préjugés innombrables ont conduit l'homme et l'incitent encore à donner aux animaux des défauts ou des qualités qui ne concernent que lui. Cette attitude a eu des conséquences tragiques pour de nombreuses espèces, sauvagement persécutées parce qu'elles avaient mauvaise réputation. Le chacal, accusé entre autres de lâcheté, fait partie de cette dernière catégorie.

Il existe trois espèces de chacals et toutes vivent dans l'Ancien Monde. Le chacal doré ou chacal ordinaire est le plus répandu: il habite l'Afrique au nord de l'équateur, l'Arabie, le Sud-Est de l'Europe et, de là, jusqu'en Inde et en Birmanie. Le chacal à flancs rayés et le chacal à chabraque le remplacent dans la moitié sud de l'Afrique. C'est un habitant de la savane, boisée ou non.

L'esprit de famille. Surtout nocturne, le chacal se montre aussi dans la journée. Contrairement aux racontars, il n'est guère craintif dans les régions où l'homme ne le chasse pas. Il vit en solitaire ou en couples qui paraissent stables. Cependant une charogne de forte taille attire parfois plusieurs chacals qui, après s'être rassasiés, se séparent à nouveau. Il ne s'agit donc pas de meutes organisées, mais de simples attroupements.

Le chacal à chabraque est le plus coloré de tous avec son dos noir parsemé de poils argentés, son ventre blanchâtre, ses flancs et ses membres roussâtres, le bout de la queue noir et la tête jaunâtre. Il préfère vivre dans les buissons. Bien qu'il ait des dimensions comparables à celles du chacal doré, il s'en prend aux francolins, pintades, reptiles, lièvres et aussi aux antilopes de faible taille comme les diks-diks, qui mesurent seulement 35 cm de haut à l'épaule. Beaucoup plus petit que le loup, le chacal doré lui ressemble, mais sa tête est plus fine, son corps un peu plus élancé et sa queue moins longue.

Longueur: 90 cm + 30 cm pour la queue. Poids: 6 à 13 kilos.
Durée de la gestation: 60 à 63 jours. Longévité: 16 ans.

Quand un grand mammifère a été tué par des lions et que ceux-ci ont terminé leur repas, les vautours qui attendaient à côté s'emparent des restes. Ils sont très souvent accompagnés par un ou deux chacals. Ceux-ci n'hésitent pas à chasser les gros oiseaux pour pouvoir manger en paix. D'autres charognards, hyènes et corbeaux, participent au dépeçage de la carcasse. Entre les uns et les autres existe une véritable compétition à l'issue de laquelle les animaux plus faibles se contentent des restes abandonnés par les plus forts.

Assez bas sur pattes, le chacal ne dépasse pas 50 cm de haut à l'épaule. Il a 42 dents comme le loup et le renard. Sa queue, noire à l'extrémité, est la seule tache foncée de son pelage terne, mis à part les taches roussâtres situées en arrière des oreilles. Le chacal doré a les yeux bruns.

Profitant de la nuit, le chacal pénètre dans les villages pour y chercher des ordures comestibles. Son activité n'est cependant pas aussi appréciée que celle du petit vautour percnoptère, véritable éboueur qui fait disparaître tous les détritus de nature organique.

Les jeunes chacals naissent dans un terrier. Les petits, au nombre de 2 à 6, sont couverts d'un duvet gris ou brun foncé quand ils viennent au monde. Ils pèsent 200 g à 2 jours et près de 3 kilos à 4 mois. Ils sont d'abord aveugles et n'ouvrent les yeux qu'à 9 jours.

L'éléphant d'Afrique

Un géant. Champion des animaux terrestres, l'éléphant d'Afrique atteint exceptionnellement quatre mètres de haut à l'épaule et le poids de sept tonnes. Ses oreilles mesurent au maximum un mètre cinquante de haut et un mètre vingt de large. Quand il charge, ce colosse fonce à trente ou quarante kilomètres à l'heure. Il ne possède que quatre dents, mais elles sont de taille. Chacune de ces molaires mesure en effet trente centimètres de long, sept centimètres de large et pèse plusieurs kilos. Les deux plus grandes défenses jamais vues avaient trois mètres trente-trois centimètres de long et les plus lourdes pesaient cent un kilos et sept cents grammes!

L'éléphant a un bel appétit! Chaque jour, et selon sa taille, il lui faut de cent cinquante à trois cents et même quatre cents kilos de nourriture. Enfin, il semble qu'il vive presque aussi longtemps que l'homme et que les plus vieux individus atteignent quatre-vingts et même quatre-vingt-cinq ans.

Trop nombreux? L'éléphant d'Afrique et son cousin l'éléphant d'Asie sont les ultimes descendants d'une longue lignée dont certains représentants, les mammouths, ont disparu il y a quelques milliers d'années. Primitivement, l'éléphant d'Afrique peuplait presque tout le continent au sud du Sahara. Mais il a été exterminé dans les régions habitées et il ne survit plus que dans certains pays. Les parcs nationaux accueillent la majorité d'entre eux, mais comme ils n'ont — malgré les apparences — qu'une surface limitée, les éléphants y deviennent parfois trop nombreux. Il a fallu en tuer un certain nombre pour éviter qu'ils n'anéantissent la végétation. Les effectifs sont actuellement estimés à trois cent mille animaux.

L'éléphant fréquente surtout la savane boisée, mais on le trouve aussi dans les forêts denses.

Longueur (avec la trompe): 6 à 7,50 m. Hauteur à l'épaule: 3,30 m et plus. Poids: 6 tonnes et plus, 4 tonnes pour les femelles. Température interne: 36,5 °C. Longévité: 60 ans, parfois 80 (en nature).

L'éléphant absorbe tous les jours plusieurs dizaines de litres d'eau pour se désaltérer. Il boit avec sa trompe. En période de sécheresse, il creuse le lit des mares avec ses défenses pour essayer d'atteindre le précieux liquide.

L'éléphant apprécie les bains d'eau et de poussière. Sa trompe joue le rôle d'appareil à douche. Comme d'autres grands mammifères africains, il s'enduit la peau de boue en se roulant dans une mare. En séchant la boue forme une carapace qui protège l'épiderme contre les piqûres d'insectes.

Dans les réserves où ils sont devenus trop nombreux, les éléphants ont transformé le paysage : en cassant les arbres pour manger l'écorce et le feuillage ils ont ravagé de vastes surfaces.

Extrêmement mobile, pourvue de deux appendices fonctionnant comme les deux parties d'une pince, la trompe est un organe aux multiples usages. Elle résulte de la fusion du nez avec la lèvre supérieure et de l'allongement de cet ensemble. Véritables colonnes, les pattes se terminent par des sortes d'onglons dont le nombre varie.

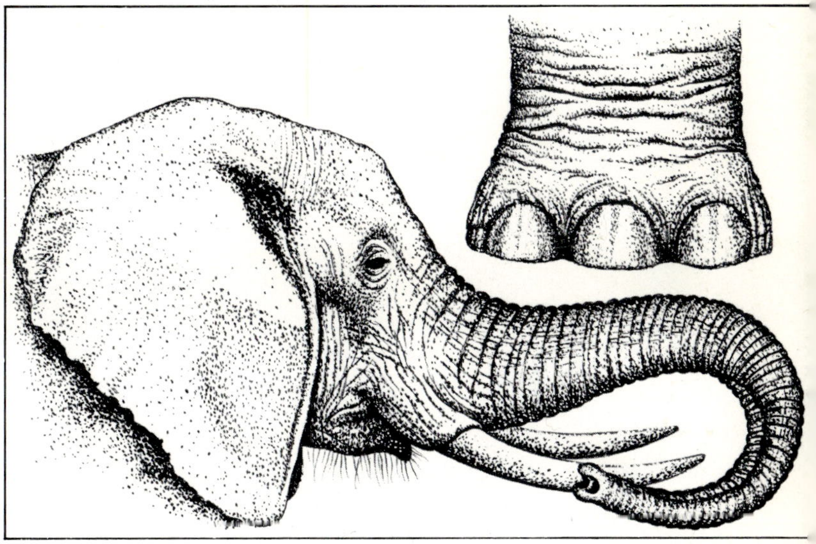

L'éléphant commence à se reproduire à l'âge de dix ans environ. Les femelles ont un seul petit tous les quatre ans. A sa naissance, l'éléphanteau est couvert de poils noirs et mesure de 85 cm à 1 mètre de haut à l'épaule : il pèse de 120 à 130 kilos. Il tète avec la bouche.

Les babouins

« Tête de chien. » Cinq espèces de babouins fréquentent les savanes africaines. Leurs troupes comptent de trente à soixante-dix animaux, qui se réduisent parfois à dix ou, au contraire, se gonflent jusqu'à cent cinquante.

En dehors du gorille et du chimpanzé, les babouins sont les singes qui attirent le plus l'attention en raison de leur genre de vie en grande partie terrestre, de leur grégarisme et de leur réputation de férocité. On les appelle couramment cynocéphales, ce qui veut dire « tête de chien », car ils possèdent de puissantes mâchoires et un museau allongé qui ressemble à celui de certaines races de chiens. Ils n'ont guère d'ennemis, évitant cependant les lions.

Le babouin doguera ou babouin vert et le babouin jaune vivent le premier dans l'Ouest et l'Est de l'Afrique, le second dans le Sud.

Le soir, ils gagnent un groupe d'arbres dans lesquels ils grimpent pour passer la nuit à l'abri. Ils se réfugient également sur des branches quand des lionnes font mine de les attaquer. Les babouins ont un régime en grande partie végétarien, malgré les dimensions de leurs canines (celles-ci sont surtout des armes défensives). Ils mangent aussi des criquets, des fourmis et, à l'occasion, de petites gazelles et des oisillons sans défense.

Le sens de la hiérarchie. La reproduction a lieu tout au long de l'année, et les femelles s'accouplent généralement avec les mâles dominants. La toilette constitue une activité importante dans la vie des babouins ; elle est souvent mutuelle, autrement dit, deux singes s'examinent le pelage à tour de rôle. Les mâles dominants reçoivent les soins de leurs subordonnés. Au cours de leur vie, les femelles sont progressivement mieux considérées, surtout lorsqu'elles ont un petit.

Longueur : 85 cm + 45 cm pour la queue. Hauteur à l'épaule : 70 cm environ. Poids : 17 à 33 kilos. Longévité : une dizaine d'années (babouin doguera). Durée de la gestation : 150 à 195 jours selon l'espèce.

Une discipline très stricte existe à l'intérieur de la troupe. Les mâles âgés, véritables chefs, se regroupent au centre, à proximité des femelles et des petits, prêts à les défendre avec leurs grandes canines transformées en crocs impressionnants. Sur le bord se tiennent les mâles adultes de rang inférieur; ils réagissent les premiers à la vue d'un ennemi. Si une panthère s'approche de la bande, les mâles lui font face et réussissent à l'éloigner en prenant une attitude menaçante. Chaque jour, ces singes parcourent 8 à 10 kilomètres dans la zone qu'ils exploitent régulièrement.

Les pattes se terminent par 5 doigts, le pouce étant opposable aux autres. Il n'y a pas de différences frappantes entre doigts et orteils, d'où le nom de quadrumanes donné à la plupart des singes. Les babouins adultes ont des bajoues, poches de peau pouvant se distendre quand elles sont remplies de nourriture.

Les vieux mâles surveillent tous les membres de la troupe et plus particulièrement les mâles subordonnés. Quand ceux-ci se battent ils ne tardent pas à les séparer, évitant ainsi que la bagarre ne dégénère et sème le trouble dans toute la bande. Quand les babouins sont trop nombreux, l'organisation se relâche; les mâles dominants ne peuvent plus faire régner l'ordre.

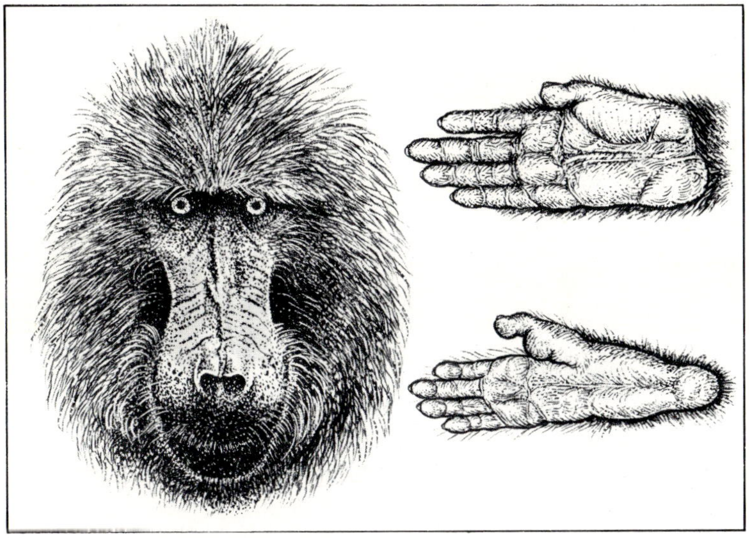

Il n'y a pas de véritable famille chez les babouins et la femelle élève son petit toute seule. Cependant, tous les adultes manifestent de l'intérêt pour les bébés. Au début, la mère tient le petit dans ses bras; quand la troupe marche il s'accroche à son ventre. Plus grand, il se tiendra à califourchon sur son dos. Puis il s'écartera un peu d'elle et jouera avec ses compagnons.

La pintade

La poule peinte. Déjà domestiquée il y a deux mille ans, la pintade a été largement répandue par les Romains en Europe. Mais, après la chute de leur empire, la pintade disparut des basses- cours et ce furent les Portugais qui, aux XVe et XVIe siècles, l'introduisirent à nouveau en l'appelant pintada, c'est-à-dire «peinte».

Les sept espèces de pintades vivent uniquement en Afrique et deux seulement habitent les forêts équatoriales. On les qualifie de sédentaires, mais il ne faut pas prendre ce terme au pied de la lettre, car chaque jour les pintades circulent longuement pour chercher leur nourriture. Habituellement très sociables, elles vivent en bandes plus ou moins importantes et d'abord en familles. L'espèce la plus largement répandue, la pintade commune, vit en Afrique occidentale, orientale et méridionale. Elle évolue dans les savanes sèches et les paysages de parc où des bouquets d'arbres alternent avec des espaces couverts de petites plantes herbacées qui forment l'essentiel du tapis végétal. Les pintades communes changent d'aspect selon les régions: ainsi, les barbillons qui pendent à la base du bec sont bleus et rouges ou tout bleus; le haut du crâne, nu, porte parfois un cimier osseux.

La plus grande de la famille. A la limite du désert, dans les savanes arides de la Somalie, de l'Est du Kenya et de la partie orientale de l'Éthiopie, vit une magnifique espèce au plumage bleu cobalt, noir et blanc, la pintade vulturine. C'est la plus grande de la famille. Aussi grégaire que les autres espèces, bien qu'elle forme des troupes moins importantes, elle diffère, outre sa coloration, par quelques détails et notamment par la forme de sa queue dont les plumes centrales sont pointues et allongées.

Les pintades se nourrissent de graines, de bulbes et de feuilles; elles y ajoutent des insectes, en particulier des criquets et des termites, ainsi que d'autres petits animaux, mollusques et amphibiens. Parfaitement adaptée au climat désertique des régions qu'elle fréquente, la pintade vulturine peut, s'il n'y a pas de points d'eau dans les environs, se contenter des gouttes de rosée qui perlent le matin à la surface des feuilles. Mais, comme ses congénères, elle profite des abreuvoirs qu'elle rencontre.

Longueur: environ 70 cm. Longévité: inconnue.

Les pintades ont beaucoup d'ennemis : aux nombreuses espèces d'oiseaux rapaces comme l'autour chanteur et surtout l'aigle martial, s'ajoutent celles des mammifères carnivores. Ici un serval, petit félin spécialisé dans la capture des oiseaux, s'empare d'une des pintades vulturines groupées au milieu des herbes hautes. La panthère s'en prend également à cette espèce, et un autre gros chat, le caracal, propre aux régions semi-désertiques, compte au nombre de ses prédateurs. Les pintades se déplacent presque toujours en marchant, car elles volent avec difficulté.

Court et puissant, le bec est fait pour détacher les graines de leur enveloppe. Tous les oiseaux bons marcheurs possèdent des pattes robustes aux doigts épais et courts ou bien allongés avec de grandes griffes. Chez la pintade vulturine, le doigt postérieur est inséré plus haut que les autres.

Préparé dans un creux du sol, le nid, très sommaire, contient 10 à 20 œufs de couleur blanc crème ou fauve. L'incubation, qui dure une trentaine de jours, est assurée par la femelle. A l'époque de la nidification, les pintades vivent en couples. Très vite, les poussins trottinent derrière les adultes.

Les pintades s'assemblent en troupes de 50 à 100 oiseaux, parfois même davantage après la saison de reproduction. La structure de ces groupes est encore inconnue, mais peut-être sont-ils guidés par certains sujets qui occupent une position dominante par rapport aux autres.

La gazelle de Grant

Maître des lieux. Les gazelles ne sont pas toujours aussi douces qu'on pourrait le croire. Ainsi la gazelle de Grant mâle défend âprement un territoire mesurant de cinq cents mètres à deux kilomètres de diamètre, sur lequel vit son harem. Elle attaque immédiatement tout autre mâle qui pénètre sur ce domaine : les deux gazelles se poussent par le front pendant dix à vingt minutes et leurs cornes s'entremêlent souvent au point qu'elles ont du mal à se dégager.

Capable de se lever vingt minutes après sa naissance, la jeune gazelle de Grant quarante minutes plus tard quitte l'endroit où elle a vu le jour et va se cacher dans l'herbe où sa mère viendra l'allaiter.

Comment les reconnaître? Sur les soixante-treize espèces d'antilopes vivant en Afrique, onze portent le nom de gazelles. Ce ne sont pas les plus petites, mais elles frappent par l'harmonie de leurs proportions, leur élégance naturelle et leur coloration de tonalité généralement fauve sur le dessus du corps, et blanche au-dessous. Les caractères permettant de distinguer ces animaux se réduisent à des différences de taille, de forme, de longueur des cornes et à quelques marques foncées ou claires sur le pelage. La répartition aide, elle aussi, à les identifier. La gazelle de Grant a une distribution très limitée. On la rencontre en Somalie, en Éthiopie, au Kenya, dans le Nord de la Tanzanie et en Ouganda. Dans ces pays, elle fréquente les savanes plus ou moins sèches et parsemées de buissons. Plus que d'autres gazelles, elle supporte bien la chaleur et la sécheresse. Elle forme de petits groupes dont l'effectif varie entre cinq et trente animaux. Avec le guérénouk, la gazelle dama et le dibatag, c'est l'une des plus grandes gazelles. Les troupes comprennent soit un mâle avec ses femelles et leurs petits, soit des mâles d'âges différents.

Longueur : 1,40 à 1,75 m. Hauteur à l'épaule : 77 à 87 cm. Poids : 45 à 75 kilos (en moyenne 60 kg pour les mâles). Durée de la gestation : 5 mois à 5 mois et demi. Longévité : 8 ans (en captivité).

La femelle s'éloigne de la troupe pour mettre son petit au monde. Pendant quelques heures ou quelques jours, elle se tient non loin de lui. Quand elle l'allaite, elle en profite pour lécher son urine et ses excréments ; ainsi le nouveau-né ne répand aucune odeur et les carnivores ont du mal à déceler sa présence. Si une hyène se montre à 500 mètres, la mère entraîne son petit avec elle. En général, elle ne s'éloigne pas à plus de 300 mètres.

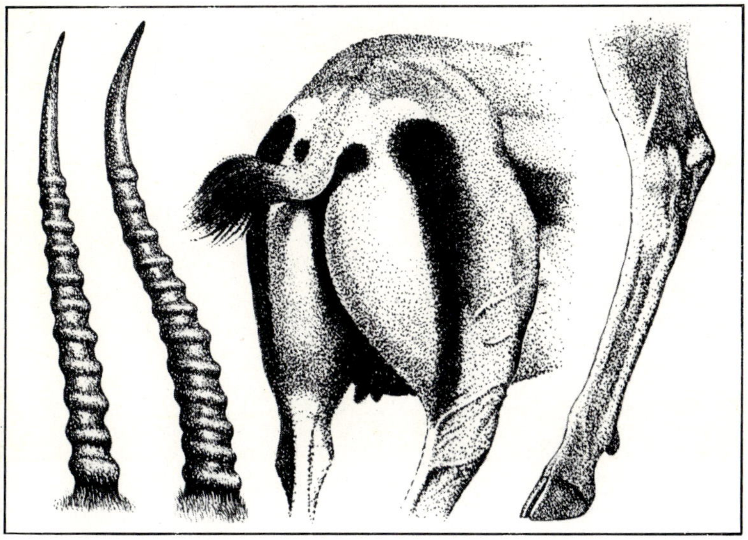

Les cornes du mâle mesurent le plus souvent de 50 à 55 cm de long, mais elles atteignent parfois 80 cm. Elles possèdent des cannelures bien marquées. Celles des femelles ont de 30 à 43 cm. Les pattes se terminent par des sabots. La tache blanche qui entoure la queue est bordée de noir et remonte jusque sur le dos.

Les jeunes gazelles ne sont pas seulement menacées par des carnivores terrestres (lion et autres félins, chacal, hyène). Le danger se trouve aussi dans le ciel : l'aigle de Verreaux attaque les nouveau-nés. Le vautour oricou (ci-dessus) cherche surtout à manger les enveloppes fœtales, mais il en profite aussi pour attaquer la jeune gazelle sans défense.

Pendant les pauses qui séparent les différentes phases du combat, les deux mâles tournent la tête de côté et l'abaissent ensuite pour reprendre la position de lutte. Les batailles sont presque toujours précédées de manœuvres d'intimidation ou de mouvements destinés à montrer la supériorité de l'un des antagonistes. La gazelle qui reste à l'intérieur de son fief court le risque de se faire tuer par un prédateur tel que la panthère.

Le guépard

Un sprinter. Capable de foncer à quatre-vingt-dix kilomètres à l'heure, le guépard est certainement le plus rapide de tous les animaux terrestres. On l'a même chronométré à cent neuf et cent douze kilomètres à l'heure! Il semble cependant que quatre-vingts et quatre-vingt-cinq kilomètres à l'heure soient ses vitesses les plus fréquentes, les autres étant exceptionnelles. On a prétendu qu'il atteignait cent vingt-cinq et même cent quarante kilomètres à l'heure, mais il s'agit là d'exagérations manifestes. En pleine course, il fait des bonds de plusieurs mètres et sa capacité d'accélération est fantastique: deux secondes après le départ, il file déjà à soixante-douze kilomètres à l'heure; qui en fait autant? Champion sur de courtes distances, le guépard est talonné par quelques antilopes et gazelles qui, certes, ne dépassent pas le quatre-vingts à l'heure, mais peuvent soutenir cette allure.

Un félin à part. Sa silhouette dégingandée, sa physionomie, sa façon de chasser et bien d'autres détails encore séparent le guépard des autres félins. Ce champion de course est en voie de disparition, comme tous les félins tachetés, traqués sans ménagement par des braconniers travaillant pour des trafiquants uniquement préoccupés de détruire la nature pour en tirer profit. Il a disparu de l'Inde, subsiste en très petit nombre (une centaine?) en Iran et dans le Sud de l'U.R.S.S. En Afrique, il n'est resté commun que dans le Nord du Tanganyika et au Kenya, çà et là au Soudan et au Tchad. Partout il vit en plaine, dans les savanes et les steppes.

Extrêmement spécialisé, le guépard compte sur sa rapidité pour capturer ses proies. Il ne chasse pas à l'affût. En outre, il a des habitudes diurnes alors que la majorité des félins chassent surtout au crépuscule et pendant une partie de la nuit. Enfin, le guépard ne rugit pas.

Longueur: 1,35 m + 75 cm pour la queue. Poids: 50 à 65 kilos.
Hauteur à l'épaule: 80 à 90 cm. Durée de la gestation: environ 95 jours.
Longévité: inconnue.

Après avoir réduit la distance qui le séparait de sa proie, le guépard fonce à toute vitesse dans sa direction (bien entendu, il se trouve à bon vent). Si l'antilope ou la gazelle l'a vu, elle aura le temps de partir avant lui et il aura beaucoup de mal à la rattraper. Si, au contraire, il est resté invisible, il réussira à la rejoindre au bout de 100 à 200 mètres. Le plus souvent sa chasse ne dure qu'une vingtaine de secondes.

Le guépard est reconnaissable à sa petite tête ronde et à ses courtes oreilles. Il porte une petite crinière sur la nuque. Sa physionomie «pleurarde» est due aux lignes noires qui vont des yeux au museau. Sa longue queue (75 cm) lui sert de balancier pendant ses courses rapides.

Au nombre de deux ou trois par portée, les jeunes guépards sont aveugles à la naissance. Ils possèdent une crinière de poils gris qui persiste pendant une dizaine de semaines. Ils ne commencent à chasser qu'à l'âge de sept mois. Tout petits, ils sont sans défense contre la panthère et les hyènes.

Le guépard chasse surtout le matin et le soir. Parmi ses victimes les plus fréquentes, on compte les gazelles de Grant et de Thomson, des antilopes (impala, grysbok, ouribi), le phacochère et des oiseaux (ici une grosse outarde). Il jette sa proie à terre d'un coup de patte et la tue en la mordant. Quand il mange, il ne place pas sa nourriture entre ses pattes ou sous elles, mais se tient un peu en retrait, comme les chats.

L'hyène tachetée

Une chasse nocturne. L'hyène tachetée possède des mâchoires assez courtes et d'une puissance exceptionnelle. Elle peut broyer des os que tous les autres carnivores — même le lion! — doivent abandonner, car ils sont trop durs pour eux. Elle fut longtemps considérée comme le type même de l'animal charognard, incapable de chercher sa nourriture et se contentant des restes abandonnés par les autres. En fait, l'hyène mange ces débris surtout dans la journée et il s'agit seulement d'un appoint, car elle est parfaitement capable de chasser par elle-même. Le soir et la nuit, elle s'attaque aux gnous, aux zèbres, aux bébés antilopes et même aux lionceaux et aux éléphanteaux.

Il existe trois espèces d'hyènes: l'hyène tachetée, l'hyène brune et l'hyène rayée. Cette dernière habite l'Afrique et une partie de l'Asie méridionale. L'hyène tachetée, la plus grande, fréquente les savanes en plaine et en montagne jusqu'au niveau des neiges éternelles. Elle pénètre exceptionnellement dans les forêts denses et on ne la rencontre pas dans l'extrême Sud du continent noir. Sa silhouette rappelle un peu celle d'un bouledogue, avec une tête et un avant-train très forts (l'arrière-train paraît plus faible). Mais chez elle, le dos est incliné.

L'hyène ne passe pas inaperçue et manifeste son excitation, par exemple à l'époque de la reproduction, par des cris peu agréables à entendre: ricanements, hurlements de fou, bruits de vomissement. Elle donne cet horrible concert pendant la nuit.

De la sociabilité à l'agressivité. Les observations les plus récentes ont montré que l'hyène est un animal sociable; elle vit en groupes de dix à cent individus, occupant un territoire. Tous les membres de cette société se connaissent et se saluent quand ils se rencontrent, mais sont agressifs vis-à-vis des hyènes d'un groupe étranger.

Longueur: de 130 à 160 cm + 30 cm pour la queue. Poids: 45 à 85 kilos. Hauteur à l'épaule: 75 à 90 cm. Durée de la gestation: environ 110 jours. Longévité: 25 ans. Vitesse maximale: 50 et même 64 kilomètres à l'heure.

Après le repas des lions, l'hyène tachetée et d'autres charognards (chacals, vautours) essaient de profiter des restes. Mais l'inverse se produit aussi parfois, et l'on a vu des lions manger des proies que des hyènes avaient abattues et qu'ils avaient réussi à leur faire abandonner en prenant une attitude menaçante. Ici, le lion s'interpose et termine la traque commencée par les hyènes ; celles-ci devront se contenter de le regarder manger.

Spectacle insolite : certaines hyènes s'aventurent au bord des lacs salés et parviennent à capturer de jeunes flamants roses qui pourtant ne quittent pas l'eau. Le reste de la troupe s'éloigne ou s'envole. A l'occasion, l'hyène se contente d'ordures ramassées dans les villages et en profite pour saisir des animaux domestiques.

L'hyène a un pelage d'aspect grossier et hirsute ; les poils de la crinière se hérissent quand elle est excitée. La tête porte des oreilles courtes et arrondies. L'hyène entend et voit fort bien, mais l'odorat est son sens le plus développé. Ses crocs et ses carnassières sont extrêmement puissants et ses victimes n'y résistent pas longtemps.

Les petites hyènes naissent dans un terrier creusé par leur mère ou emprunté à un autre animal. Très précoces, elles ont les yeux ouverts et leurs canines et incisives sortent déjà des gencives. A six semaines, elles commencent à se déplacer à distance, mais trottinent bien avant.

Le calao à bec rouge

Une forteresse dans un arbre. Certains oiseaux protègent leurs œufs et leurs petits en dissimulant le nid dans les fourrés; d'autres exercent une surveillance constante. Les calaos, eux, ont résolu le problème d'une façon tout à fait originale: la femelle s'enferme dans un trou d'arbre; elle y pond et y reste pendant toute la durée de l'incubation et parfois même une partie de l'élevage des oisillons! Le mâle la nourrit par une étroite ouverture ménagée dans le mur de terre qui constitue un rempart impénétrable pour tous les assaillants. Bien à l'abri, la petite famille grandit en toute sécurité et la mère profite de son immobilisation forcée pour changer ses plumes. Les calaos se distinguent aussi par leur bec souvent énorme et surmonté d'un cimier chez les grandes espèces. Malgré sa taille, cet appendice est léger car il a une structure alvéolaire.

On confond souvent les calaos avec les toucans bien qu'ils ne vivent pas sur le même continent. Les toucans sont des oiseaux américains alors que les calaos vivent seulement en Afrique et en Asie méridionale. D'autres caractéristiques les différencient. Ainsi les calaos fréquentent toutes sortes de paysages boisés et deux d'entre eux passent la plus grande partie de leur existence à terre.

Un aspect lourdaud. Le calao à bec rouge, une des plus petites espèces de la famille, évolue dans les savanes, depuis le Sénégal jusqu'à l'Éthiopie et au Tanganyika. Plus au sud, on le trouve aussi en Angola, en Rhodésie, au Mozambique et au Transvaal. La brousse parsemée d'acacias et de baobabs représente son milieu favori. Malgré son aspect lourdaud, il se déplace avec agilité dans les branches. En revanche, à terre il sautille gauchement et n'est visiblement pas à l'aise bien qu'il vienne y chercher sa nourriture. Ses ailes arrondies lui interdisent un vol rapide et léger; le plus souvent, il donne quelques battements précipités suivis d'une longue glissade en plané.

Termites, fourmis, graines et fruits sont les principaux éléments de son menu; il y ajoute des criquets et notamment leurs larves incapables de voler.

Longueur: 44 cm. Poids: 135 à 185 g.
Durée de l'incubation: environ 1 mois.

Ayant repéré une cavité assez spacieuse dans le tronc d'un arbre, mâle et femelle y entassent des branchettes et des feuilles. Puis la femelle pénètre à l'intérieur et bouche peu à peu l'ouverture avec un ciment formé de ses propres fientes, de débris de fruits et de terre humide que le mâle, resté à l'extérieur, lui apporte. Seule une fente permettra au mâle de la nourrir. La ponte a lieu durant la saison des pluies. Les œufs reposent sur les plumes dont la femelle s'est dépouillée au moment de la mue lorsqu'elle séjournait au cœur de l'arbre.

Chez le calao à bec rouge le bec mesure 6 à 8,5 cm de long. Les calaos arboricoles ont de courtes pattes; celles des deux calaos terrestres sont beaucoup plus longues et robustes. Les calaos font partie du même grand groupe que les martins-pêcheurs, guêpiers, rolliers et engoulevents.

La mère quitte ses petits deux ou trois semaines avant leur propre départ en brisant le mur; puis elle aide le mâle à les nourrir, car leur appétit a beaucoup augmenté. Les becquées sont très fréquentes; les parents apportent les aliments un par un.

Les serpents arboricoles ne peuvent pas lutter contre la femelle du calao qui défend énergiquement l'entrée du nid. L'étroitesse de l'ouverture lui permet de s'opposer à toute intrusion. Chez les grands calaos, la femelle sort du nid avant les jeunes, car la place devient très vite insuffisante à l'intérieur de l'arbre. Les jeunes rebouchent alors la «porte» comme leur mère l'avait fait précédemment.

Le rhinocéros noir

Un lourdaud agile. Parce qu'il voit mal, le rhinocéros noir a des réactions imprévisibles. En présence d'un suspect, il peut s'éloigner ou, au contraire, charger furieusement. Il renouvelle au besoin cette manœuvre, qui semble surtout avoir pour fonction d'écarter la cause de son trouble. C'est de là que vient sa réputation de férocité. Malgré son aspect lourdaud, il fait preuve d'une grande agilité, peut tourner sur place et trotte ou galope facilement. Ce géant se nourrit de quelque cent quatre-vingt-dix espèces de plantes dont il mange les pousses, les feuilles, les rameaux et l'écorce.

Le blanc n'est pas blanc. Malgré leurs noms, les rhinocéros noir et blanc, seules espèces africaines, ne se distinguent pas par leur couleur. Tous deux ont la peau grise, et le rhinocéros blanc doit son qualificatif à une déformation du mot néerlandais *wijd* qui signifie large et qui est devenu *white* (blanc) en anglais. Les deux espèces diffèrent par leur taille (le rhinocéros blanc est le plus gros mammifère terrestre après l'éléphant d'Afrique), les dimensions de la tête (plus grande chez le rhinocéros blanc, qui l'incline souvent vers le sol) et la forme du museau (arrondi chez le rhinocéros blanc et prolongé en pointe chez le rhinocéros noir). Ce dernier est beaucoup plus largement répandu, quoique ses effectifs aient été estimés à douze mille sujets seulement. L'espèce est en effet menacée par l'homme qui fait reculer la brousse, le chasse ou le capture vivant afin de l'enfermer dans des enclos exigus où le pauvre animal finit son existence de façon parfois lamentable. Le rhinocéros noir peut être considéré comme sédentaire; cependant, le domaine qu'il parcourt s'étend jusqu'à une vingtaine de kilomètres du point d'eau qu'il a l'habitude de fréquenter. Mâles et femelles se battent pour des questions de territoire.

Longueur: 3,6 m + 70 cm pour la queue. Hauteur à l'épaule: 1,5 m. Poids: de 900 à 1 500 kg, et même 2 t. Longévité (en captivité): 50 ans. Durée de la gestation: 17 à 18 mois.

Le rhinocéros est souvent averti d'un danger par l'envol des oiseaux qui picorent sur son dos les larves d'insectes parasites. Il s'agit généralement de buphages, oiseaux voisins des étourneaux, qui se déplacent en sautant comme des pics sur le gros animal. D'autres oiseaux adoptent le rhinocéros comme perchoir, ce sont les hérons garde-bœuf qui attrapent les insectes dérangés par le passage de l'animal. L'aigrette garzette, toute blanche, est elle aussi habituée au voisinage du gros mammifère, mais elle ne se montre qu'à proximité des mares.

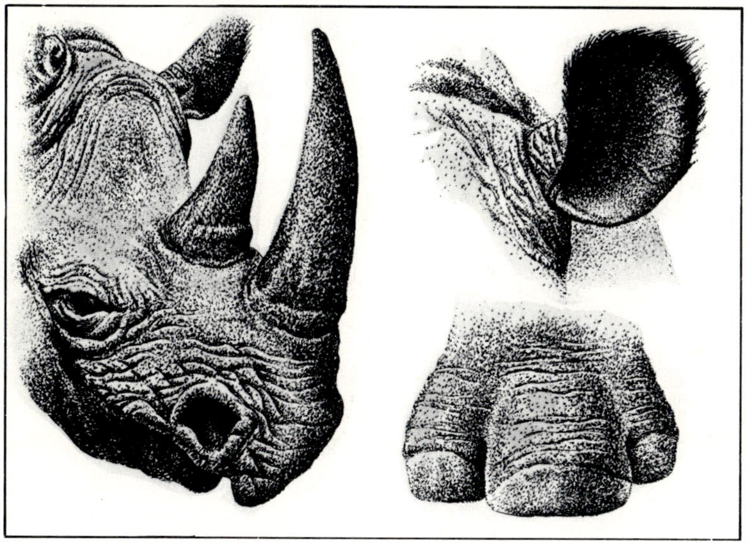

Le rhinocéros noir possède 2 cornes (plus grandes et plus fines chez la femelle que chez le mâle). Elles sont formées d'une masse de fibres cornées enchevêtrées. Les oreilles, plus grandes que celles du rhinocéros blanc, sont légèrement velues. Les pattes, en forme de piliers, portent 3 doigts munis de sabots.

Le jeune rhinocéros pèse environ 40 kilos à sa naissance. Il n'a pas de corne. Il tète sa mère pendant 18 mois, mais commence à brouter bien avant d'être sevré. Il reste parfois avec sa mère après la naissance d'un deuxième petit et, dans ce cas, on peut voir un trio. La femelle a un seul petit tous les 3 ans en moyenne.

Au crépuscule ou la nuit, le rhinocéros noir s'approche des mares pour étancher sa soif. Il en profite aussi pour prendre un bain de boue et se vautrer jusqu'à ce que la plus grande partie de son corps soit enduite de terre gluante et noirâtre. Cette carapace protège sa peau, nue à l'exception de poils clairsemés, contre les piqûres des insectes. Le rhinocéros se roule aussi dans la poussière comme un cheval. Sa peau, épaisse, justifie le nom de pachyderme qu'on donne parfois à tort à d'autres grands mammifères. Il peut charger à 45 kilomètres à l'heure.

Les termites

Un gros tube blanchâtre. Chez les termites, la reine pond chaque jour des milliers d'œufs. Le record appartient à celle du termite du Natal qui en produit trente mille ou même quarante mille en vingt-quatre heures! Complètement transformée par sa fonction reproductrice, la reine ressemble à un gros tube blanchâtre à l'extrémité duquel émergent la tête et les pattes. Elle mesure jusqu'à douze centimètres de long, deux centimètres et demi de diamètre et elle est deux mille quatre cents fois plus volumineuse que les termites ouvriers qui l'entourent et ne cessent de la nourrir avec leur salive et d'emporter ses œufs. Les termitières géantes des savanes africaines hébergent des centaines de milliers d'insectes.

La termitière : un univers. Les termites sont l'un des trois grands groupes d'insectes qui occupent une place dominante dans la faune des savanes, les deux autres étant les fourmis et les criquets. Leur présence ne passe pas inaperçue, car plusieurs espèces édifient des monticules parfois très volumineux, les termitières, qui forment un élément caractéristique du paysage de nombreuses plaines. Cependant, beaucoup de termites construisent de petits dômes, vivent dans le sol ou les arbres.

Vulgairement appelés «fourmis blanches», les termites sont caractérisés par leur organisation sociale et la variabilité de leur aspect à l'intérieur d'une seule et même espèce. A l'exception des reproducteurs, ils ne possèdent pas d'ailes, leur coloration est d'un blanc jaunâtre et ils n'ont pas d'yeux à facettes. Ces particularités s'expliquent par leur genre de vie souterrain. Ils passent presque toute leur existence dans l'obscurité, à l'intérieur d'un système de galeries où la température, le degré d'humidité et la ventilation sont maintenus à un niveau constant. Les murs de la termitière sont formés de terre collée avec de la salive. Ils peuvent mesurer jusqu'à soixante centimètres d'épaisseur. Le tertre élevé par les insectes atteint six mètres de haut au maximum; les plus gros que l'on connaisse avaient douze à quinze mètres de circonférence.

Termites du genre *Bellicositermes,* longueur d'un grand soldat : 1,5 à 2 cm. Longueur d'un petit ouvrier : 0,6 à 0,8 mm. Longévité d'une reine : probablement plusieurs dizaines d'années.

Dans une grande termitière de macrotermitidés, le roi et la reine vivent dans une cellule royale, de la taille d'une noix de coco. Cette pièce communique avec l'habitation formée de pièces où les ouvriers cultivent des champignons. Enfin, dominant ce logement, se trouve une cavité dans laquelle l'air est renouvelé par diffusion à travers les parois de la termitière. Des galeries s'enfoncent à des dizaines ou même des centaines de mètres en direction des lieux où les insectes prennent leur nourriture ; d'autres, plus courtes, vont jusqu'à la nappe d'eau souterraine.

Les termites ailés servent d'aliment à de nombreux oiseaux qui les attrapent quand ils sortent pour l'essaimage : milans, guêpiers, outardes, hirondelles et martinets en profitent chaque année. Les pangolins et les suricates, qui ressemblent à des mangoustes et vivent en Afrique du Sud, sont eux aussi des consommateurs de termites.

La société des termites comprend plusieurs castes qui se distinguent non seulement par leur taille et leur aspect, mais aussi par leur fonction. En haut, une reine ; au-dessous, à gauche, un soldat, chargé de la défense de la colonie ; au centre un ouvrier et, à droite, un mâle. Les soldats, très spécialisés, ne peuvent se nourrir et ce sont les ouvriers qui les alimentent.

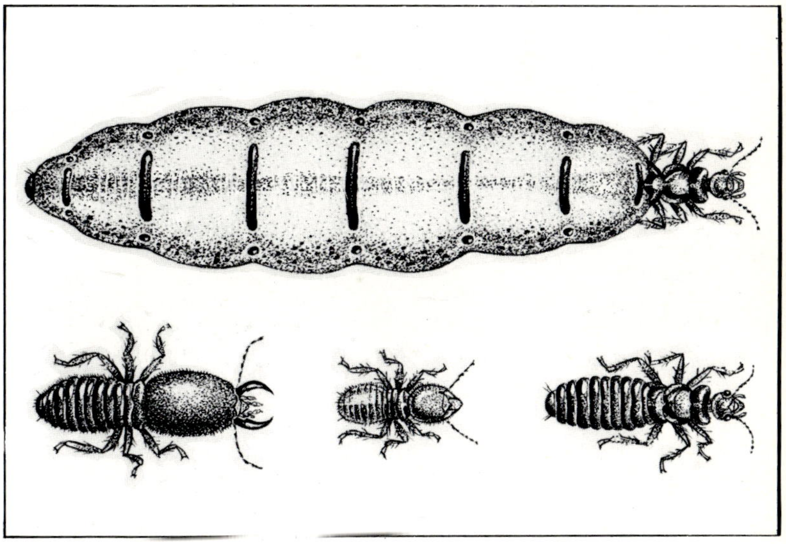

La reine des termites, que l'on voit ici entourée d'ouvriers, passe son existence à pondre et ne quitte pas la termitière. Les termites se nourrissent surtout de cellulose. Certains mangent l'humus transformé par des champignons qu'ils cultivent sur des meules de débris végétaux et d'excréments.

Le zèbre

Pourquoi des rayures? Cousin du cheval, le zèbre est le seul gros mammifère au pelage rayé de noir et de blanc. Si vous vous demandez quelle peut être l'utilité d'un costume aussi bizarre, sachez qu'aucune explication valable n'a été fournie jusqu'à présent! Il semble en tout cas n'avoir guère de valeur de camouflage.

Les zèbres, dont il existe trois espèces comptant chacune plusieurs races, ne vivent qu'en Afrique. Ils sont aujourd'hui les seuls membres sauvages de leur famille qui soient encore nombreux. Les autres, cheval de Prjevalski, âne sauvage, onagre, hémione, sont rares ou en voie de disparition.

Le zèbre de Burchell, actuellement le plus répandu, est très sociable. Il vit en troupeaux réunissant parfois des centaines d'animaux à la saison sèche. En réalité, ces assemblées se composent de groupes familiaux très stables qui comprennent un mâle, plusieurs femelles et leurs petits, soit au total une quinzaine d'animaux. Fait curieux, les zèbres s'associent fréquemment à des antilopes, pourtant très différentes, mais dont la nourriture est voisine de la leur. Ils se tiennent également en compagnie des autruches. Ces groupements semblent surtout dus au hasard des rencontres sur un même pâturage.

Loin du harem. Les jeunes femelles restent pendant un an ou deux avec leur mère, puis la quittent quand de jeunes mâles essaient d'évincer le chef du harem. A ce moment la famille se disperse. Un des prétendants poursuit une (ou plusieurs) jument et l'entraîne assez loin du harem pour que le maître ne vienne plus la chercher. Les femelles peuvent s'accoupler avec un mâle dès l'âge de deux ans.

Le zèbre ne connaît guère d'ennemis en dehors du lion, des lycaons et des hyènes. Très endurant, il peut parcourir de longues distances au galop. Selon les lieux, il est plus ou moins sédentaire.

Longueur: 2,20 m + 75 cm pour la queue. Hauteur à l'épaule: 1,25 à 1,35 m. Poids: 225 à 420 kilos selon l'espèce. Gestation: 1 an. Longévité: 20 à 40 ans (en captivité) selon l'espèce.

Très résistants, les zèbres paraissent moins souffrir de la sécheresse que d'autres animaux. Ils peuvent se contenter des tiges dures de graminées que les antilopes dédaignent. En plus des herbes, ils mangent aussi des feuilles, des pousses et même des rhizomes. Cependant, ils ne s'éloignent guère du voisinage de l'eau et boivent tous les jours s'ils le peuvent. Après le repas ils se reposent. Contrairement aux antilopes, ils ne ruminent pas.

On distingue les différents zèbres d'après l'aspect de leurs rayures noires. Le zèbre de Grant (à gauche) a de larges bandes (il vit du Soudan au Zambèze) ; le zèbre de Grévy (au milieu) a des rayures plus étroites (il habite l'Éthiopie, la Somalie et la Tanzanie) ; le zèbre de montagne (à droite) ne subsiste plus que dans de vastes enclos en Afrique du Sud.

Chez le zèbre les naissances ont lieu toute l'année. La femelle met au monde un poulain couvert de poils pelucheux qui pèse 30 à 35 kilos. A 15 jours, le petit zèbre commence à manger de l'herbe, mais il tête jusqu'à 6 mois. Les jeunes mâles quittent le groupe quand ils ont entre 1 et 3 ans.

Les zèbres étalons se battent contre les mâles étrangers qui s'approchent de leur harem. Ils les frappent avec les sabots antérieurs, leur donnent des ruades, leur mordent l'encolure, le jarret ou encore cherchent à les renverser. La rencontre commence par des menaces : les zèbres retroussent les lèvres et relèvent la tête en montrant les dents.

La girafe

Des dimensions extraordinaires. La girafe défie toutes les comparaisons puisqu'un grand mâle peut brouter des feuilles d'acacia situées à six mètres du sol. Son cœur ne mesure pas moins de soixante centimètres de long et pèse onze kilos. Situé à deux ou trois mètres au-dessous du cerveau, il bat quatre-vingt-quinze fois par minute quand la girafe se repose et cent soixante-dix fois lorsqu'elle galope. A sa naissance, le girafon, déjà haut d'un mètre soixante, pèse cinquante-cinq kilos, soit vingt fois moins que le plus lourd des adultes. En un an il grandira d'un mètre! Malgré ses dimensions extraordinaires, la girafe a exactement le même nombre de vertèbres cervicales que la souris ou l'homme: sept, pas une de plus!
Depuis la plus haute Antiquité, la girafe n'a cessé d'étonner les hommes, et Jules César en fit venir quelques-unes à Rome. Plus récemment, l'arrivée de la première girafe au Jardin des plantes de Paris, en 1827, suscita une curiosité considérable. L'animal parcourut la distance Marseille-Paris à pied et partout on se pressa pour venir le voir.
Quand le Sahara était vert. Il y a bien longtemps, cet animal vivait au Sahara comme le prouvent des gravures rupestres vieilles de huit mille à neuf mille ans. La transformation de la région en désert l'a chassé de cet espace jadis verdoyant. De nos jours, la girafe habite les savanes plus ou moins sèches et boisées de l'Afrique au sud du désert, mais elle a été exterminée en maint endroit, et notamment dans l'Ouest, par les chasseurs européens. D'un naturel tranquille, elle préfère fuir d'éventuels ennemis; elle sait se défendre contre les attaques du lion, son seul prédateur avec l'homme.
La girafe vit en petits groupes familiaux comprenant un mâle et quelques femelles et jeunes d'âges différents. Cependant, on voit parfois des troupes de quarante à soixante sujets. Les vieux mâles sont souvent solitaires ou bien s'assemblent en «club». La girafe ne défend pas de territoire, mais chaque groupe occupe un espace dont la superficie peut être voisine de cinquante kilomètres carrés.

Hauteur à l'épaule: 3 m à 3,5 m. Hauteur totale: 5,7 m et 6,1 m (maxima). Poids: 1 250 kilos. Longévité: 28 ans (en captivité).

Cette girafe mange des feuilles et des pousses d'acacia, qui forment l'essentiel de son régime. Un lion s'approche; la girafe, à demi cachée par la végétation, préfère s'éloigner quand le félin arrive à sa hauteur. Pourtant, il ne cherchait pas à l'attaquer. En revanche, les hyènes, la panthère et les ly-

Les savants ont distingué plusieurs races de girafes en se fondant sur les dessins du pelage. Chez la girafe réticulée, des lignes blanches forment un véritable réseau sur le fond de couleur marron. Les taches de la girafe masaï rappellent la forme d'une étoile. La girafe a 2 cornes, parfois 3 ou 4. La langue mesure 40 cm de long.

La reproduction n'a pas lieu à une saison bien déterminée. Il naît un seul petit que la girafe allaite pendant 9 mois, mais il commence à manger des feuilles à l'âge de 15 jours. A 1 an, il mesure 2,60 m, et à 3 ou 4 ans il peut se reproduire. Les femelles adultes s'accouplent tous les 20 mois.

caons s'en prennent aux girafons. La girafe se nourrit dans la journée et aussi la nuit. Après s'être rassasiée, elle rumine, immobile ou en marchant. Elle ne broute pas l'herbe ni les feuilles situées à moins de 1 mètre de haut car elle aurait quelque difficulté à les atteindre.

Pour boire la girafe est obligée d'écarter largement ses pattes antérieures et d'incliner le cou. Néanmoins elle résiste bien à la soif dans les régions arides. Le lion essaie de la surprendre quand elle se désaltère, mais elle l'écarte en donnant des coups avec ses pattes de devant. En général, elle préfère fuir ses ennemis.

L'autruche

Des œufs énormes. Parce qu'il est trop lourd, le plus grand oiseau du monde ne peut s'envoler ! Tout est démesuré chez l'autruche, comme le montrent bien ses mensurations maximales : hauteur deux mètres quarante et poids voisin de cent cinquante kilos. La partie visible de ses yeux est deux fois plus grande que celle de l'homme. Le poids d'un seul œuf de ce gigantesque oiseau équivaut à celui de vingt œufs de poule ou de quatre mille cinq cents œufs des plus petits colibris ! Sa coquille atteint deux millimètres d'épaisseur. Quant à son nid, trou creusé dans la terre, et profond de trente centimètres, il mesure de un à trois mètres de large. Habitante des savanes africaines, l'autruche est devenue rare en mainte région, sauf au Sahel, dans le Nord du Cameroun et dans l'Est et le Sud-Est du continent noir. Elle a complètement disparu de Syrie et d'Arabie depuis trente-cinq ans, ainsi que du Nord de l'Afrique, après avoir été massacrée par des chasseurs peu scrupuleux.

On l'a surnommée «autruche chameau» sans doute à cause de sa taille, de son habitat et de sa silhouette. Depuis la fin du siècle dernier, l'autruche est élevée en semi-liberté dans de vastes enclos et, périodiquement, on lui prélève des plumes destinées à la fabrication d'objets variés.

Un régime varié. Avoir un estomac d'autruche, cela signifie avaler tout et n'importe quoi. Si ce dicton se vérifie pour les autruches captives qui absorbent ce qu'elles trouvent (boutons, vis, charnières, anneaux, etc.), il ne s'applique pas aux oiseaux sauvages dont le régime est varié, certes, mais non pas extravagant. L'autruche cueille des feuilles sur les buissons et les arbres, capture des insectes, des petits rongeurs et ramasse des graines. Elle avale beaucoup de graviers qui facilitent l'émiettement de la nourriture.

La vie sociale de l'autruche est complexe. En dehors de la période de reproduction (septembre-octobre dans le Sud-Ouest de l'Afrique), elle se rassemble en troupes plus ou moins importantes. Les mâles sont polygames ou monogames. Dans le premier cas, ils s'accouplent avec deux ou trois femelles ; dans le second ils vivent avec une seule compagne.

Longueur : 2 m. Hauteur : 1,80 m à plus de 2 m. Poids : de 70 à 150 kilos. Durée de l'incubation : 42 jours.

Les femelles pondent chacune 6 à 8 œufs, à raison d'un tous les deux jours. Il peut donc y avoir une vingtaine d'œufs, parfois même une trentaine ou plus si le mâle a 3 ou 4 femelles. Il les couve la nuit et la femelle dans la journée. Le mâle est peu visible dans l'obscurité en raison de sa coloration noire. Le jour, la teinte brunâtre des femelles constitue un excellent camouflage. Ainsi la couvée est-elle mieux protégée.

L'autruche compte sur sa vue pour repérer ses ennemis (lion, chacal, lycaon, panthère, homme). Comme la tête, le cou est garni de duvet clairsemé sur les 2/3 de sa longueur. La peau en est rosée, rougeâtre ou grise et même bleue. L'autruche est le seul oiseau vivant qui n'ait que 2 doigts. La queue est formée de plumes aux barbes molles comme celles des ailes.

Les œufs mesurent jusqu'à 17 cm de long, 14 cm de large et pèsent au maximum 1,5 kilo. Les femelles qui pondent pour la première fois déposent des œufs plus petits (800 g environ). Chaque jour, les œufs sont retournés. A l'éclosion, les autruchons portent un épais duvet beige marqué de noir. A l'âge de 2 jours ils commencent à suivre les adultes.

A chaque pas, l'autruche franchit de 1,50 à 2 mètres. Quand elle court, elle file à 45 kilomètres à l'heure, atteignant en pointe 65 kilomètres à l'heure. Sa vue et son ouïe, excellentes, l'avertissent du moindre danger. Elle s'enfuit alors à grande vitesse, prévenant ainsi, involontairement, les autres animaux qui paissent dans la savane. Protégée dans les grands parcs nationaux, l'autruche y est commune en Tanzanie et au Kenya.

La panthère

Souplesse et discrétion. Gymnaste incomparable, la panthère fait des bonds de six à huit mètres, escalade sans peine le tronc des arbres et se hasarde même sur des branches assez fines. Du haut de son perchoir, elle attend souvent le passage d'une proie et la terrasse immanquablement. Très forte, elle la traîne à distance, même si la victime est deux fois plus lourde qu'elle. Mais à la course, elle manque de résistance et abandonne la poursuite au bout de quelques dizaines de mètres. Souplesse et discrétion la caractérisent. Voilà pourquoi, malgré sa taille, la panthère passe fréquemment inaperçue.

Capable de vivre sous les climats les plus divers, la panthère habite la savane boisée comme le bord des déserts, les montagnes et les forêts tropicales.

De tous les félins, c'est celui dont la répartition est la plus vaste dans le monde; on la rencontre aussi bien en Afrique qu'en Asie.

Le pelage des panthères «noires» est si foncé que les taches deviennent presque invisibles. Ces animaux vivent dans le Sud-Est asiatique, mais également en Éthiopie et dans les montagnes du Kenya. La taille de la panthère, couramment appelée léopard, varie selon les lieux.

Un animal traqué... De jour, la panthère se cache dans des fourrés, parmi les rochers, entre les hautes herbes ou même au fond d'un terrier. Elle chasse généralement la nuit, soit à l'approche, soit à l'affût; toutefois, dans les régions inhabitées par l'homme, elle chasse aussi pendant la journée. Traquée parce qu'on recherche sa peau, la panthère a complètement disparu de certains pays. Il est extrêmement rare que ce félin se jette sur un homme ou un enfant. Sa nourriture habituelle se compose à la fois de mammifères et d'oiseaux qui ne volent pas beaucoup, tels les pintades, outardes et francolins.

Longueur: 1,35 m + 90 cm pour la queue. Hauteur à l'épaule: 70 cm. Poids: de 40 à plus de 70 kilos. Longévité: 21 ans (en captivité). Durée de la gestation: 90 jours.

Après avoir mangé le cœur, le foie, la langue et l'arrière-train de sa victime, la panthère la met souvent à l'abri dans un arbre. Ainsi, elle la retrouvera plus sûrement, car les charognards ne pourront pas la lui ravir. La panthère est capable d'avaler 2 à 3 kilos de viande par jour. Les antilopes, comme la gazelle de Thomson, et les gros rongeurs sont les mammifères qu'elle capture le plus fréquemment. Elle ne recule pas devant le phacochère.

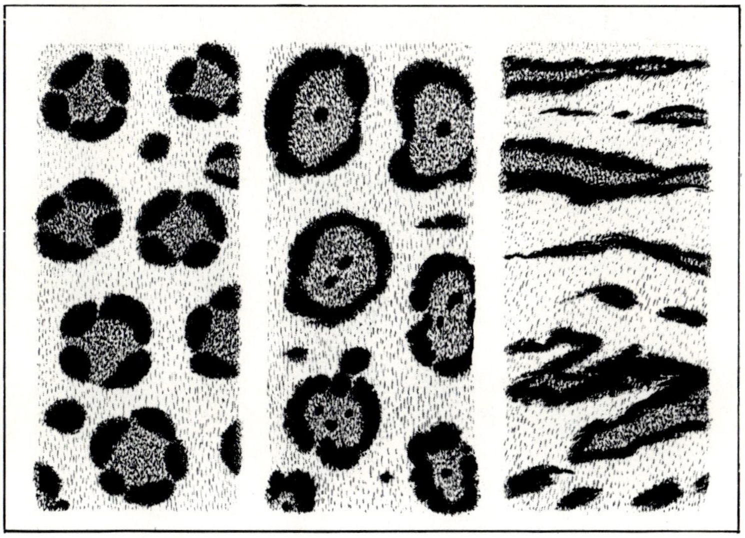

Chez le guépard, les taches ne sont pas disposées en rosettes, ce qui est le cas chez la panthère (mais il n'y a pas de marque au milieu) (à gauche). Chez le jaguar d'Amérique, il y a une et parfois deux ou trois taches au centre de la rosette (au milieu). L'ocelot a des taches allongées (à droite).

Les bébés panthères naissent dans un trou de rocher, une grotte ou un terrier de porc-épic. Ils sont aveugles et pèsent 500 à 700 g le premier jour. Ils ouvrent les yeux entre 7 et 9 jours, boivent d'abord du lait puis mangent la viande que leur mère régurgite. Ils sont sevrés à l'âge de 6 mois environ.

Malgré sa force et ses armes, la panthère est parfois obligée de reculer devant des adversaires redoutables comme les babouins. Les jeunes panthères sont victimes de prédateurs tels que l'hyène tachetée, le lion, les cobras et les crocodiles. Cependant, l'homme est le pire ennemi de l'espèce.

Le ratel

Un bagarreur. Très voisin des blaireaux, le ratel réunit des aptitudes beaucoup plus variées que celles de ses cousins. Il est en effet capable de creuser très vite (en dix minutes il peut s'enfouir dans un sol très dur), mais aussi de grimper aux arbres et de se défendre contre les plus gros animaux de la brousse. Loin d'être timide, il n'hésite pas à attaquer les intrus qui l'approchent et se jette même sur des buffles pour les mordre au museau.
Le ratel ne vit pas uniquement dans les savanes, car on le rencontre aussi dans les forêts africaines (au sud du Sahara), en Arabie et, de là, jusqu'en Inde. Il existe aussi dans le Turkménistan, en U.R.S.S. Il se déplace en marchant mais peut galoper sur de grandes distances. Surtout nocturne et crépusculaire, il vit en solitaire ou par couples et se creuse un terrier, à moins qu'il n'emprunte celui d'un oryctérope. Sa demeure est généralement une simple galerie au bout de laquelle se trouve une chambre d'une cinquantaine de centimètres de long environ. Le souterrain mesure un à trois mètres de long et vingt-cinq à trente centimètres de diamètre; il s'enfonce jusqu'à un mètre cinquante de profondeur.
Un menu complet. Omnivore, le ratel met à profit tout ce qu'il trouve: araignées, insectes, grenouilles, rongeurs, oiseaux, serpents, parfois même de jeunes antilopes font partie de son alimentation. Il y ajoute des racines, des bulbes, des fruits et, bien sûr, le miel et les habitantes des ruches sauvages et des guêpiers. S'il en a l'occasion, il ne dédaigne pas une charogne rencontrée au cours de ses pérégrinations.
Le zorille, autre petit mammifère de la brousse africaine, a la même coloration générale que le ratel. Mais il en diffère par les bandes noires qui courent le long de son corps et de sa queue.

Longueur: 75 + 25 cm pour la queue. Hauteur à l'épaule: 25 cm. Poids: 11 kilos. Durée de la gestation: 150 à 180 jours. Longévité: inconnue.

Le ratel suit parfois un oiseau, l'indicateur, amateur d'abeilles et de cire, mais incapable de se procurer tout seul ces aliments. Parvenu à l'arbre où se trouve une ruche sauvage, le ratel ne prête plus attention à l'oiseau qui l'a guidé en volant devant lui tout en criant. Il dégage les rayons bourrés de larves, de nymphes et de miel. Une fois rassasié, il quitte les lieux, laissant les restes à l'indicateur. Cette curieuse association, si elle a été observée maintes fois, n'est cependant pas régulière, car le ratel sait fort bien trouver les essaims tout seul.

Parmi les insectes, le ratel apprécie les criquets, très fréquents dans les savanes. Il se donne du mal pour atteindre les proies qu'il convoite et creuse jusqu'à deux mètres de profondeur afin de capturer des guêpes. Sa coloration est inversée par rapport à ce que l'on observe chez la plupart des mammifères puisque le dessus du corps est clair et la face ventrale noire.

La peau du ratel, très épaisse, résiste aux piqûres des guêpes et des abeilles ; son crâne a été comparé à celui du blaireau européen, mais il ressemble davantage à celui du putois marbré des steppes eurasiatiques. Les longues griffes des pattes antérieures mesurent entre 32 et 46 mm de long, celles des pattes postérieures ne dépassent pas 18 mm.

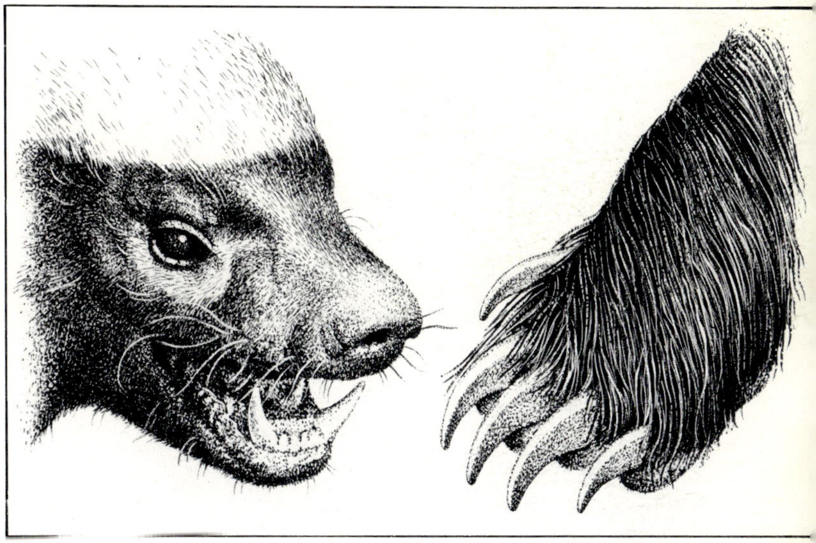

Il n'y a que deux petits par portée. Ils naissent dans un terrier ou un trou de rocher plus ou moins tapissé d'herbes sèches. Ils restent environ un mois et demi dans cet abri. Pendant une semaine, les jeunes têtent leur mère puis absorbent peu à peu d'autres aliments. Ils la quittent à cinq ou six mois.

Le gnou

Une antilope étrange. On dirait que le gnou a été fait de bric et de broc tant la disproportion est grande entre son avant-train, plutôt lourd, et l'arrière-train relativement fin. L'impression de sveltesse qui se dégage de la partie postérieure du corps est renforcée par la minceur des pattes et la longueur de la queue, qui pend jusqu'à terre.
Il y a deux espèces de gnous. On ne les rencontre qu'au Sud du Sahara et plus précisément dans l'Est et le Sud-Ouest du continent. Seul le gnou bleu ou à queue noire abonde encore et vit à l'état libre. L'autre, appelé gnou à queue blanche, a failli disparaître, victime des destructions. Actuellement il ne subsiste plus que dans de vastes enclos en Afrique du Sud. Grâce à la patience des zoologistes qui étudient le gnou à queue noire depuis une vingtaine d'années, nous le connaissons mieux.
De courtes migrations. Extrêmement sociable, le gnou bleu vit en groupes qui s'assemblent pour former des troupeaux de plusieurs milliers de têtes après la saison de reproduction. Ils s'associent fréquemment aux gazelles de Thomson et surtout aux zèbres. Pendant le rut, chaque mâle se constitue un harem qu'il s'efforce de maintenir malgré la présence de rivaux. En certaines régions, par exemple en Tanzanie, dans la réserve du Serengeti, les gnous entreprennent une véritable migration. Celle-ci les mène des zones où l'herbe est sèche vers celles où elle reverdit grâce aux pluies. Ils s'absentent ainsi pendant trois mois (non compris la durée du voyage) et parcourent environ quatre-vingts à quatre-vingt-dix kilomètres à l'aller et autant au retour. Partis aux mois de mars et d'avril, ils regagnent leur lieu d'origine entre septembre et novembre. Les gnous ne se livrent pas tous à ces déplacements et, même au Serengeti, il y a quelques groupes d'animaux sédentaires.

Longueur: 1,7 à 2,4 m + 65 à 100 cm pour la queue.
Hauteur à l'épaule: 1,3 m. Poids: 150 à 260 kilos.
Longévité: 20 ans (mâles), 11 ans (femelles).

Le rut a lieu au moment du départ en migration et les mâles se battent contre leurs rivaux car ils défendent un petit territoire. Les adversaires se précipitent l'un sur l'autre avec une fougue étonnante; leurs cornes s'entrechoquent bruyamment et les combattants tombent parfois à genoux. Ces batailles durent des heures et, au fur et à mesure que le troupeau avance, les mâles décalent les limites de leur domaine. Les blessures ne sont point rares. Le harem comprend quelques femelles et jusqu'à 150, mais dans ce cas deux ou trois mâles le gardent.

Lions, hyènes et lycaons sont les principaux prédateurs du gnou adulte. Avant de se lancer à sa poursuite, deux lionnes surveillent un gnou en train de brouter. Comme les lycaons, elles isolent un animal du troupeau et le traquent; puis, elles le prennent à la gorge ou lui brisent la nuque.

Les cornes mesurent 50 à 60 cm de long (80 cm au maximum). Mâles et femelles en portent. Comme le cheval, le gnou possède une crinière et une longue queue. A la différence des adultes qui ont un pelage gris, les veaux ont une robe fauve avec une rayure noire sur le dos.

Les jeunes gnous, encore appelés veaux, se lèvent 10 à 15 minutes après la naissance. De nombreuses femelles mettent au monde leur petit à la même époque, mais pour certains cet événement a lieu au cours des 3 ou 4 mois qui suivent la première «vague» de naissances.

Le guérénouk

La gazelle-girafe. Il y a tout juste cent ans, les savants européens ignoraient encore l'existence du guérénouk. Pourtant c'est l'une des gazelles les plus anciennement connues des habitants de l'Afrique (on a trouvé des peintures qui la représentaient dans des tombeaux égyptiens).

Appelé aussi gazelle-girafe, le guérénouk a un cou très long, qui mesure seulement dix-huit à vingt-cinq centimètres de tour, de grandes pattes fines et une tête assez large, aplatie, en forme de coin, avec un museau allongé. Beaucoup plus petit que la girafe, il lui ressemble par sa sveltesse; mais il est plus élégant et ses mouvements sont plus souples.

Les savanes sèches de l'Afrique orientale, où la brousse cède la place au désert et se couvre de buissons épineux, forment le domaine de cet étrange animal. C'est dans cette région, qui s'étend de la Somalie au Kenya, qu'il a été décrit pour la première fois en 1878 d'après des crânes provenant d'animaux tués au Kenya. Partout, le guérénouk évite les montagnes; mais, à part cela, il s'accommode d'un climat très sec.

Le guérénouk vit isolément, par couples ou encore en petits groupes de six à sept femelles accompagnées d'un mâle. Celui-ci paraît plutôt être gardé et protégé par elles. S'ils sont inquiétés, ces animaux restent immobiles ou bien se cachent derrière des buissons et des arbres. Actifs dans la journée, ils se reposent la nuit.

Face au danger. Le plus souvent, le guérénouk se déplace lentement. Lorsqu'un ennemi l'effraie, il fuit à faible vitesse; son allure est alors très curieuse, car il court en s'allongeant, le cou tendu en avant. A l'âge adulte, le guérénouk a pour principaux ennemis le léopard ou panthère et le guépard, seuls grands félins habitant les mêmes régions broussailleuses que lui. Cependant la gazelle résiste bien à leurs attaques et ses effectifs se maintiennent.

Longueur: 1,50 m + 23 cm pour la queue. Hauteur à l'épaule: 90 cm à 1 m. Poids: 43 à 50 kilos. Longévité: 6 ans (en captivité).

Le guérénouk exploite facilement les différents étages de la végétation. Il se nourrit surtout de feuilles d'acacia et d'autres buissons, de pousses et de fins rameaux qu'il cueille avec les lèvres et la langue. S'il veut détacher des feuillages situés au-dessus de lui, il se dresse sur ses pattes postérieures et, dans cette position, les membres antérieurs appuyés, il atteint des branches à 2,10 m de haut.

Seul le mâle porte des cornes annelées ; elles atteignent 35 cm de long. Cet animal a de grandes oreilles et il semble bien qu'il compte plus sur son ouïe que sur sa vue pour déceler un danger. Une autre antilope, le dibatag, ressemble au guérénouk, mais en diffère par ses cornes recourbées en arrière.

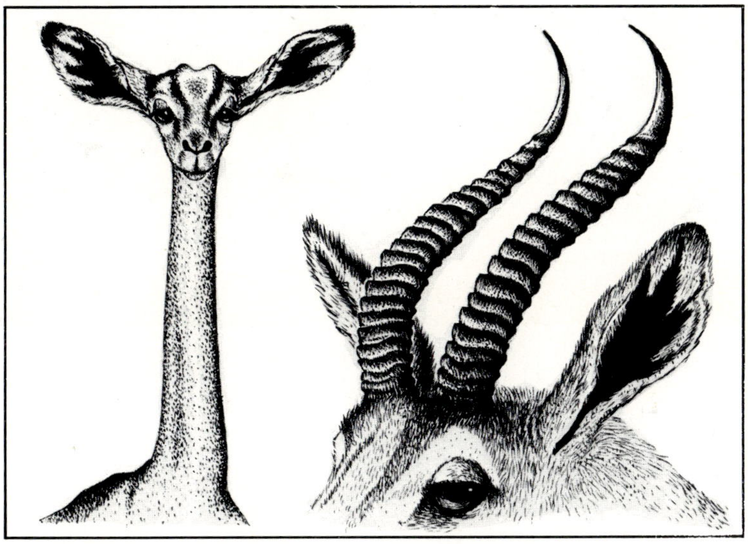

Plusieurs carnivores menacent le jeune guérénouk qui naît à l'issue d'une gestation de deux cent trois jours environ. Parmi eux, deux félins l'attaquent plus fréquemment ; ce sont le caracal (sorte de lynx africain et asiatique) et le serval, qui a les dimensions d'un très grand chat haut sur pattes.

Le guérénouk a souvent pour voisins l'oryx, grande antilope adaptée elle aussi à l'existence dans les contrées semi-désertiques et reconnaissable à ses longues cornes effilées. Au premier plan, deux guérénouks (un mâle et une femelle) et, au fond, des oryx.

Les vautours

De merveilleux planeurs. Avec ses 2,8 mètres d'envergure, l'oricou est le plus grand des vautours africains. Il surpasse le vautour de Rüppell, commun dans l'Est du continent noir. Ses ailes très longues et très larges lui permettent de rester sans fatigue 6 à 7 heures par jour dans l'espace en profitant des courants d'air chaud ascendant.

Les vautours ont mauvaise réputation parce qu'ils mangent des cadavres plus ou moins frais; pourtant, comme tous les autres animaux, ils jouent un rôle important dans la brousse.

On connaît dix espèces de vautours en Afrique, seulement cinq en Europe, trois en Amérique du Nord, six en Amérique du Sud et huit en Asie. Mis à part le percnoptère, tous sont des oiseaux de grande taille. Ils peuvent se gorger de viande quand celle-ci abonde et jeûner longuement si nécessaire. Mais, dans les régions où l'homme n'a pas radicalement transformé la nature, les vautours trouvent toujours de quoi manger: les carnivores laissent fréquemment des restes après leur repas.

Un seul œuf. Souvent sociables, les vautours nichent en colonies. Ils vivent vieux, mais leur rythme de reproduction est lent et leur descendance peu nombreuse. Ils pondent généralement un seul œuf et, si celui-ci se trouve détruit accidentellement, ils ne le remplacent presque jamais. Il faudra attendre un an pour qu'ils pondent de nouveau.

Les vautours ne manquent pas de concurrents. Chacals, hyènes, corbeaux, milans et divers insectes travaillent eux aussi à faire disparaître les restes des animaux morts.

Commun dans les steppes et les savanes sèches de la moitié nord de l'Afrique, le vautour de Rüppell est un excellent planeur. Quand il ne vole pas, il se perche sur une falaise, parfois sur un arbre. Il abonde dans l'Est du continent.

Longueur: 92 cm. Envergure: 2,20 m environ. Poids: 5 à 6 kilos.
Longévité: inconnue.

Les vautours qui patrouillent au-dessus de la savane remarquent très vite les mouvements de leurs congénères. Cela explique pourquoi des dizaines de ces gros oiseaux se rassemblent rapidement autour d'un cadavre. Les plus affamés menacent ceux qui mangent ; ceux-ci leur laissent la place et ainsi de suite. Il y a aussi une hiérarchie entre les espèces, le percnoptère étant obligé, par exemple, d'attendre que les plus grandes soient rassasiées.

Les vautours ont un bec puissant, apte à déchirer les muscles, tirer sur la peau et les tendons. Leurs pattes n'ont pas la force de celles des rapaces chasseurs. Les vautours ne capturent pas leur proie, c'est pourquoi leurs serres sont beaucoup plus faibles que celles des aigles.

Le vautour de Rüppell niche en colonies dans les falaises des montagnes. Le nid de branchettes devient volumineux si les oiseaux s'en servent plusieurs années de suite. La ponte comprend un seul œuf blanc teinté de verdâtre. Le jeune vautour s'envole à l'âge de 3 mois.

Au XIXe siècle, certaines tribus africaines savaient que le percnoptère était capable de casser les œufs d'autruche en jetant des cailloux sur leur coquille. L'oiseau choisit une pierre de 200 à 300 g et, au bout d'une douzaine d'essais, il peut absorber une partie du contenu de l'œuf. Les observations les plus récentes de ce comportement insolite ont été faites en Tanzanie. Le percnoptère est donc capable de se servir d'un « outil ».

Le buffle

Géant ou nain. Largement répandu comme l'éléphant, le buffle se trouve à l'aise aussi bien dans la savane que dans la forêt dense. Mais il abonde surtout dans la première. Le buffle de savane est le plus grand et le plus lourd puisqu'il atteint le poids d'une tonne. A l'opposé, celui de la forêt ne dépasse pas un mètre quinze de haut à l'épaule et le poids de trois cents kilos. On l'appelle parfois buffle nain, pourtant il s'agit bien de la même espèce.
Deux causes rendent compte de la raréfaction du buffle dans les savanes africaines, la chasse et une maladie, la peste bovine. La première affecte encore les animaux qui vivent à l'extérieur des réserves; la seconde ignore les frontières et décime les troupeaux plus ou moins localement selon les années. Cependant, le buffle est un animal robuste qui se répand aujourd'hui en Afrique orientale. On constate malgré tout que les grandes troupes de plusieurs centaines de têtes ne se rencontrent plus guère en dehors des parcs nationaux.
Le buffle s'adapte aussi bien à la montagne qu'à la plaine et il s'élève jusqu'à trois mille huit cents mètres d'altitude. Partout, il vit en sédentaire. Malgré son apparente lourdeur, il est assez leste et peut parcourir plusieurs centaines de mètres en galopant à la vitesse de vingt kilomètres à l'heure.
Des guetteurs. Dans le troupeau, un vieux taureau et une femelle âgée occupent une position dominante par rapport aux autres animaux. Quand tout le monde broute, quelques bêtes scrutent les environs, prêtes à avertir leurs congénères de l'approche d'un danger. Des oiseaux, les buphages, jouent également le rôle d'informateurs. Le buffle voit mal à distance tandis que les oiseaux repèrent de loin tout mouvement insolite.
En présence du lion, les buffles font face et le félin bat généralement en retraite. Il attendra qu'un jeune s'écarte du troupeau pour s'en emparer.

Longueur: 2,10 à 2,60 m + 50 à 80 cm pour la queue.
Hauteur à l'épaule: 1,65 m. Longévité: de 16 à 20 ans.

Parfait exemple du ruminant herbivore, le buffle se nourrit d'herbes, de pousses et de feuilles. L'estomac rempli, il se met à l'ombre pour ruminer ou bien se rend vers une mare pour y prendre un bain et se recouvrir de boue. Dans les réserves il se montre assez diurne, mais ailleurs il va boire surtout la nuit. C'est un animal silencieux, sauf pendant la période du rut où on l'entend meugler et grogner.

Le héron garde-bœuf est l'un des plus fidèles compagnons des grands animaux de la savane. Il capture, au moment où ils s'envolent, des insectes dérangés ou attirés par leur passage. Les buphages, eux, mangent les parasites vivant dans la peau des buffles.

Les cornes sont très larges à la base et se touchent chez le buffle de savane. Leur «envergure» atteint 1,45 m et même 1,60 m. Le long de la courbure, les plus grandes mesurent 90 cm. Le buffle fait partie du groupe des ongulés qui possèdent deux sabots à l'extrémité de chaque patte.

Après une gestation d'environ 335 jours, la bufflonne donne naissance à un petit qui pèse une cinquantaine de kilos et se tient debout un quart d'heure après sa venue au monde. Les mises bas ont lieu à la saison des pluies, plus favorable, car l'herbe est épaisse. Le jeune buffle acquiert une livrée noire à l'âge de trois ans.

L'oryctérope

Un original. En voyant son museau on pourrait croire qu'il s'agit d'un cochon, mais il a des oreilles d'âne, le dos voûté et une grosse queue ! L'oryctérope a l'air gauche, mais, en quelques minutes, il réussit à creuser un trou dans lequel il disparaîtra complètement malgré sa taille imposante. Cet original craint la lumière du jour et ne sort de son terrier que le soir venu, quand les termites se déplacent en colonnes dans la savane. Son abri, souvent simple, mesure seulement de trois à quatre mètres de long, et se termine par une chambre assez spacieuse pour que l'animal puisse s'y retourner. L'oryctérope le creuse à l'aide de ses pattes antérieures et refoule les déblais avec ses membres postérieurs. Pendant ce travail il ferme les narines et replie ses oreilles sur le dos. Certains vieux terriers deviennent de véritables labyrinthes et possèdent jusqu'à une vingtaine d'ouvertures. Ces demeures souterraines sont recherchées par les hyènes, lycaons, ratels, phacochères, porcs-épics, etc.

L'oryctérope demeure assez mal connu. Répandu dans toute l'Afrique au sud du Sahara, cet animal habite les savanes sèches et les forêts clairsemées, de préférence en terrain sablonneux ou argileux (plus facile à fouir). Sa présence dépend de celle des termites ; là où ces insectes abondent, l'oryctérope ne manque pas non plus.

Drôles de dents ! L'oryctérope occupe une place tout à fait particulière dans la classe de mammifères, car ses dents sans émail n'ont pas de racines distinctes et présentent une forme cylindrique. En outre, elles sont peu nombreuses puisque le plus souvent on n'en compte que cinq sur chaque moitié de mâchoire. Toutes sont du même type et il s'agit de molaires ; il n'y a ni incisives ni canines. L'oryctérope ne se contente pas d'attendre plus ou moins longtemps le passage des termites ; il les déloge aussi de leurs forteresses.

Longueur : 1,20 m + 60 cm pour la queue. Poids : 65 kilos au maximum. Durée de la gestation : 7 mois. Longévité : 18 ans (en captivité).

L'oryctérope a, comme le protèle, son concurrent le plus sérieux, un régime presque exclusivement insectivore. Outre les termites, sa principale nourriture, il mange également des fourmis, des criquets et des coléoptères. Il y ajoute des melons sauvages dont les graines ne germent qu'après avoir traversé le tube digestif de l'animal. On ne sait pas à combien se monte la ration quotidienne de l'oryctérope, mais le protèle, 4 ou 5 fois moins lourd, absorbe 500 g à chaque repas ! En une nuit, l'oryctérope peut parcourir une quinzaine de kilomètres pour aller d'une termitière à l'autre.

La panthère et le lion sont les deux principaux prédateurs de l'oryctérope. L'un et l'autre le surprennent quand il démolit les termitières ; il ne se laisse pas faire et se défend en distribuant des coups de pattes. S'il a le temps de voir le danger venir, il fuit en direction d'un terrier ou s'enterre sur place.

L'oryctérope possède de puissantes pattes postérieures sur lesquelles il s'assied quand il mange. Elles ont cinq grandes griffes droites, alors que les pattes antérieures en ont quatre. La langue mesure 45 cm de long. La queue représente environ un tiers de la longueur totale.

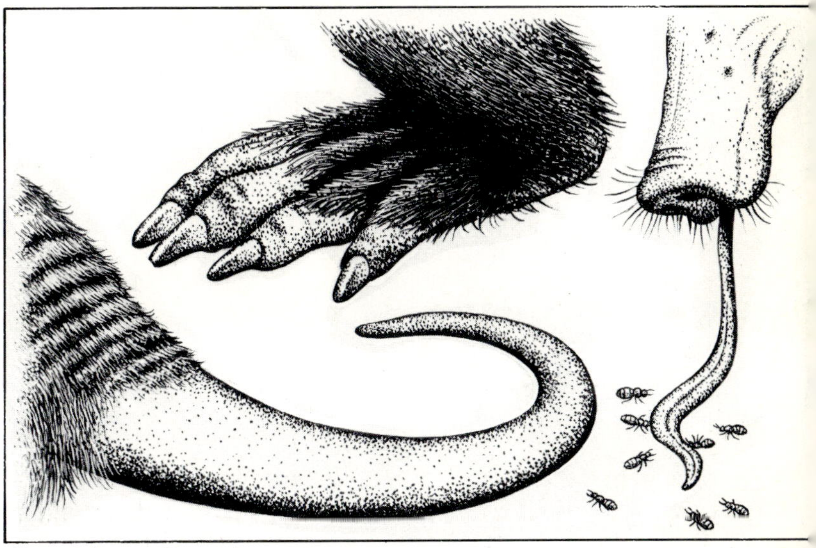

Il est rare que la portée compte deux petits ; le plus souvent il n'y en a qu'un seul. Il naît entre les mois de mai et de juillet au fond d'un terrier, du moins en Afrique du Sud. Au bout de 2 semaines, le jeune suit sa mère qui l'allaite pendant 4 mois.

Le lycaon

Des voraces. Trottant à la vitesse de trente-cinq à quarante kilomètres à l'heure, les lycaons peuvent forcer l'allure pour rattraper la proie qu'ils ont choisie. Très endurants, ils sont capables de poursuivre une antilope pendant quatre ou cinq kilomètres et, l'ayant rejointe, n'attendent pas qu'elle soit morte pour lui arracher des morceaux de chair et la dévorer vivante. En cinq minutes, une dizaine de lycaons dépècent une gazelle de trente kilos. On les a vus manger entièrement une antilope en un quart d'heure et n'en laisser que les os et la tête! Leur voracité semble donc tout à fait comparable à celle de certains requins, mais ils ne tuent que pour se maintenir en vie.

Chien sauvage, cynhyène, lycaon, trois noms pour un même animal! Le second est certainement le plus clair car il évoque à la fois le chien et l'hyène, animaux auxquels le lycaon ressemble plus ou moins. Par son allure, son pelage tacheté et multicolore, ses très grandes oreilles rondes, le lycaon se distingue d'emblée des chacals qui, dans les savanes africaines, sont ses plus proches parents. Mais d'autres particularités, sociabilité et mode de chasse, le séparent de ceux-ci.

Une vie nomade. Le lycaon habite exclusivement les savanes boisées ou non au sud du Sahara jusqu'au Transvaal. Il manque dans les forêts équatoriales; en montagne il s'élève à plus de trois mille mètres. Partout sa densité est faible. Vivant en groupes toute l'année, il mène une existence nomade à l'intérieur d'un vaste territoire de chasse couvrant entre cent et deux cents kilomètres carrés. Plus encore que les autres carnivores, il a été accusé de «cruauté» par ceux qui, ignorant tout de la nature, classent les animaux en «bons» et «méchants», ces derniers étant bien sûr les prédateurs...

Les lycaons forment des meutes d'importance variable; certaines comptent seulement six à huit animaux, d'autres dix à vingt et même plus. Chaque bande défend les environs du terrier où naissent les petits, non seulement contre les autres carnivores, mais aussi contre les lycaons appartenant à un autre clan. Il n'y a pas de hiérarchie à l'intérieur du groupe.

Longueur: 1 m + 40 cm pour la queue. Hauteur à l'épaule: 60 à 75 cm. Poids: 27 à 35 kilos. Durée de la gestation: 60 à 80 jours. Longévité: de 10 à 12 ans (en liberté).

Très bruyants avant de partir en chasse, les lycaons restent silencieux pendant la recherche d'une proie et sa poursuite. Ils chassent à vue, quand il fait jour, mais surtout le matin et le soir. Ils s'attaquent à toutes sortes d'ongulés : gazelles de Grant et de Thomson, bubales, damalisques, cobes, impalas, zèbres, congonis et jeunes gnous. Il leur arrive d'abandonner aux lions le gibier qu'ils viennent de tuer.

Les oreilles sont démesurées. L'ouïe joue sans doute un rôle important dans l'existence du lycaon, mais on ne possède que peu de renseignements détaillés à ce sujet. La disposition des taches du pelage varie selon les individus. La denture est moins puissante que celle de l'hyène tachetée. Le lycaon a 4 doigts aux pattes (les vrais chiens en ont 5).

Les jeunes lycaons naissent dans un terrier emprunté à un oryctérope ou à un autre animal. Ils sont allaités, mais reçoivent très tôt de la viande régurgitée par leurs parents. En effet, leur mère reste avec eux pour les garder et elle est aussi alimentée par les autres membres de la communauté. Elle donne à ses petits une partie de ce qui lui a été transmis.

A chaque rencontre, par exemple au retour de la chasse, les lycaons se lèchent mutuellement le museau et les coins de la gueule tout en agitant la queue. Ces salutations peuvent durer 3 à 5 minutes et contribuent, avec les hurlements, à maintenir la cohésion du groupe. Jusqu'à présent on n'a jamais observé de signes d'agressivité entre les membres d'un même clan, qui semblent être tous égaux entre eux.

Les Surprises de La Savane

En Afrique, de l'ouest à l'est, au sud du Sahara et dans la moitié méridionale, les savanes couvrent environ dix millions de kilomètres carrés. Sur ces vastes étendues, en général dépourvues d'arbres, la végétation se compose essentiellement d'herbes. L'existence et la répartition des savanes dépendent du climat et plus précisément de la quantité des pluies. Lors de la saison sèche, la savane prend un aspect désolé, une teinte jaunâtre ; elle reverdit pendant la saison humide (souvent de mai à septembre). C'est à cette époque que se reproduisent de nombreux animaux (notamment les oiseaux), car ils disposent d'une nourriture abondante.
Quels sont les différents types de savane ? D'abord, la savane humide, dite aussi guinéenne, caractérisée par de grandes herbes, des palmiers et des arbres élevés. On la trouve dans les régions où la sécheresse dure de deux mois et demi à cinq mois, et où il tombe 1 500 millimètres de pluie par an. Ensuite, la savane sèche (soudanienne), qui correspond à une sécheresse de cinq mois à sept mois et demi. Là, les arbres perdent leurs feuilles pendant la saison sèche. Enfin, quand la sécheresse s'étend sur plus de sept mois et demi (500 millimètres d'eau par an), la savane prend un aspect désertique ; les herbes se raréfient, et il ne reste plus guère que des buissons épineux. On l'appelle alors sahélienne ou arbustive.
Il est plus difficile de distinguer la savane de la steppe aride que de la forêt pluviale. On établit aussi une distinction entre savane herbeuse et savane boisée. La seconde, par ses arbres plus ou moins dispersés, offre l'aspect d'un parc ; elle s'étend à la limite de la forêt claire.

Animaux fragiles, s'abstenir !

Seuls des animaux aptes à supporter la chaleur et la sécheresse peuvent vivre dans la savane. Beaucoup d'entre eux, tels, par exemple, les grands mammifères végétariens, sont aussi rapides que pleins d'endurance. Nécessité oblige ! Ils trouvent peu de cachettes, dans la savane, et les points d'eau y sont rares. Il leur faut donc se déplacer pour s'abreuver, surtout à la saison sèche. De plus, ils doivent affronter une très grande différence de température entre le jour et la nuit : de 40 °C à 3 °C seulement, par exemple ! En Afrique occidentale, la température moyenne atteint 25 à 26 °C, et 29 °C au Kenya.

Des nains et des géants...

Dans la faune des savanes africaines, dominent surtout les mammifères de grande taille. On en a dénombré plus de quarante espèces herbivores. N'oublions pas cependant les toutes petites antilopes et les nombreux rongeurs. Quant aux carnivores, ils forment eux aussi un groupe important : il en existe 41 espèces en Tanzanie.
Malgré leur nombre, les herbivores coexistent sans épuiser les ressources alimentaires. A cela, plusieurs raisons : d'abord, ils ne vivent pas tous aux mêmes endroits durant la même saison, car certains se déplacent. Ensuite, chaque espèce consomme une nourriture différente. L'une mangera des tiges dures, la seconde, des pousses, d'autres encore les rameaux des buissons ou des arbres, etc. Enfin, les animaux de petite taille broutent les plantes à ras du sol et les plus grands, comme les girafes, des feuillages à plusieurs mètres de hauteur.
Parmi les plantes les plus caractéristiques de la brousse, citons l'herbe à éléphant — qui atteint 3 mètres de haut ! — les acacias et les baobabs, fréquents dans les savanes sèches. Les acacias témoignent de diverses adaptations au climat, telles leurs feuilles étroites et leurs épines impressionnantes (jusqu'à 10 centimètres de long, chez une espèce de l'Afrique du Sud !). Autres petits arbres, les albizia et les jujubiers. Le baobab, un géant, lui, atteint parfois 20 ou 25 mètres de haut. Son tronc énorme mesure 3 mètres de diamètre et plus, et jusqu'à 20 ou même 30 mètres de circonférence. Ce réservoir d'eau naturel lui permet de résister à la sécheresse. Le baobab a des feuilles caduques.

Au feu !

Chaque année, durant la saison sèche, des feux embrasent la plupart des savanes. Ce sont les hommes qui incendient les herbes. Grâce à cette coutume séculaire, ils empêchent la prolifération des arbres, en gardant à la savane son aspect de prairie.

Imprimé en France par BRODARD GRAPHIQUE – Coulommiers-Paris.
Dépôt légal nº 4058-12-1981 – 29/60/0203/03.
I.S.B.N. 2.01.002243.2.
Loi nº 49.956 du 16 juillet 1949 sur les publications destinées à la Jeunesse. – Dépôt 12-81.

29/0203/9
81-XII